AF590277

RÉFLEXIONS

POLITIQUES ET ÉCONOMIQUES

Sur les richesses territoriales de la Pologne et son commerce au-dehors.

ARTICLE PREMIER.

Commerce sur la mer Noire.

AVANT que la Pologne fut devenue maîtresse des ports de Dantzick en Prusse, de Revel en Livonie, et de Libau, en Curlande, elle jouissoit déjà, par droit de souveraineté, sur la province de Bessabarie, du fameux port de Ca-ci-bey, aujourd'hui Cad-ja-bey, situé sur la mer Noire, près d'Akerman, autrement dit Byelogrod, à l'embouchure du Lac d'Ovide, entre Oczakow et Bender, ou Thehina.

Il paroît que le port de Cad-ja-bey étoit autrefois l'entrepôt du commerce le plus important que la Pologne ait eu avec Constantinople. L'histoire nous a conservé à ce sujet un fait, entr'autres remarquable.

Lorsque Bajazet entreprit de réduire Constantinople par la famine, l'empereur Manuel Paleologue, de concert avec le patriarche Euthime, envoya, en 1415,

A

une célèbre ambassade à Wladislas Jagellon, roi de Pologne, qui se trouvoit alors à Sniatim, dans les environs de Tyras, ou Dniester, pour lui demander du bled. Ce prince, touché de la détresse de son voisin, fit partir, du port de Cad-ja-bey, des vaisseaux chargés de grains pour Constantinople (1).

A-peu-près dans ce même-tems Alexandre, palatin de Valachie, se rendit vassal de la Pologne, et reconnut ce même Wladislas Jagellon pour son souverain (2). C'est sur cet hommage des Valaques que le roi de Pologne se reposoit pour l'intégrité de ses frontières : mais bientôt, à la suite des hostilités qui éclatèrent, les Valaques et les Tartares se partagèrent entr'eux la Bessarabie polonaise.

En 1502, Bogdan, palatin de la Moldavie, demanda en mariage Elisabeth, sœur d'Alexandre, roi de Pologne, offrant, si on vouloit la lui donner, de rendre tout ce qui avoit été envahi de la Bessarabie, et sur-tout le port de Cad-ja-Bey; mais comme cette princesse lui refusa sa main, il continua de jouir de ses usurpations (3).

---

(1) *Venit ab imperatore atquæ patriarchâ Constantinopolitani legatio frumentarium subsidium petens..... Vladislaus, rex inopiâ laborantibus Constantinopolitanis, liberaliter opitulatus, in Ca-ci-Beyo portu maris Pontici, qui in ditione Polonorum tunc erat, frumentum admensus est...*

Cromer de origine et rebus gestis Polonorum, lib. 18.

(2) *Venit ad Vladislaum, sniati cùm esset, Alexander, palatinus Valacorum, adoratoque publice rege... Jure jurando in fide et clientelâ ejus atque Polonorum se fore semper promiset. Id. Ibid.*

(3) *Bogdanus, palatinus Moldaviæ, postulabat conjugium Elisabethæ, sororis regiæ; et quò facilius id impetraret, Thismeniciam et Cessibeios territoria regi reddebat...*

Michovius et Vapovius de gestis Polonorum, pag. 500.

En 1528, les polonais, commandés par Preslaw Lanckoronski, battirent et poursuivirent, hors du territoire d'Oczakow, les tartares usurpateurs; mais pourtant sans que les vainqueurs rentrassent en possession de leur propriété, n'ayant pu s'y maintenir à cause des guerres qui se succédèrent (1).

Les circonstances paroissoient devoir être plus favorables aux polonais sous le règne de Soliman II, surnommé Canuni. En 1532, ce prince envoya une ambassade à Sigismond I, roi de Pologne, pour le féliciter à l'occasion de la victoire qu'il venoit de remporter sur Pierre, palatin des valaques, menaçant ce dernier de son ressentiment, s'il ne cessoit d'inquiéter le territoire polonais : et comme le Kan des tartares, nommé Sadker, se trouvoit dans ces circonstances à la cour de Soliman, ce prince l'engagea à s'abstenir de toute hostilité envers la Pologne. Peu de tems après, le Grand-Seigneur envoya, à Cracovie, son Bacha de Silistrie, pour rétablir, dans leurs anciennes limites, les frontières de la Pologne, du côté de la mer Noire (2), lesquelles s'étendoient au-delà du Borysthène jusques vers le Tanais (3).

---

(1) *Vapovius*, pag. 602.

(2) *Quidquid itaque inter Danastum, seu tyrum, hyppanimque (Bug) et Borysthenem fluvium continetur, id totum usque ad littora Ponti Euxini, censetur juris regni Poloniæ, ex pactis Solimani, Turcorum imperatoris, qui etiam cavit quòd habitatores Biologrodiæ* (Akerman), *quæ est in adversâ ripâ tyræ* (Dnyester), *ex lacu Ovidii in pontum Euxinum influentis, cùm volunt ultrà alteram ejusdem tyræ ripam ditionis Poloniæ uti pascuis, debeant solvere regi Poloniæ tributum, seu pretium ellorum pascuorum...*

Piascecci, chron. pag. 52.

(3) *Ac ultrà Borysthenem, intervallo alicubi trium dierum*

Sigismond I, autant que les circonstances le lui permettoient, favorisoit toujours le commerce avec Constantinople, à l'exclusion même de celui avec l'Allemagne, qui se trouvoit onéreux pour la Pologne dans ses rapports d'exportation. Entr'autres objets, elle tiroit directement, de Constantinople, les épiceries, dont l'entrepôt, par ordre du roi, fut fixé à Léopole (1).

Cette navigation sembla renaître pour la Pologne, sous le règne de Sigismond Auguste. Le célèbre cardinal Commendon, ayant visité les palatinats de Kiovie, de Volhinie, de Podolie, de Braclaw et toute l'Ukraine, trouva que ces riches contrées offroient, pour la mer Noire, un commerce direct et de la plus grande importance, avec la Méditerranée et la mer Adriatique. Il proposa ce projet à Sigismond, qui le saisit avec ardeur, et envoya des ambassadeurs à la Porte pour travailler à faire revivre cette navigation. Le Divan, persuadé des avantages de ce nouveau commerce, consentit à le stipuler par un traité. Commendon proposa en même-tems à la Pologne d'entrer dans des liaisons commerciales avec la république de Venise, qui accepta cette proposition avec le plus grand empressement (2). Mais les

---

itinere, versùs Tanaim et Moscoviam protensæ regiones regni Poloniæ sunt propriæ. Id. Ibid.

(1) *Armeni omnifaria aromata ex Byzanciâ Thraciæ Leopolim comportent.*

Edit. Cromeri, pag. 547.

(2) On verroit arriver grand nombre de navires qui prendroient port à Byelogrode (Akerman), situé à l'embouchure du Dnyester, et qui, après avoir chargé leur bled, entreroient dans la mer Egée, et delà dans la mer Adriatique.

Vie du cardinal Commendon, par Fléchier.

circonstances, toujours contraires à la Pologne, ne lui permirent pas de jouir d'un aussi précieux avantage. Sans cela, cet état, enrichi dès-lors par la facilité d'exporter ses productions par la Méditerranée et la mer Adriatique, et de plus soutenu par ses liaisons avec la France et d'autres puissances du Midi, n'eût pas subi le sort affreux qui l'accable aujourd'hui.

Depuis ce moment, plus de commerce pour la Pologne sur la mer Noire. Cependant, lorsqu'après son premier partage, en 1773, la navigation de la Vistule fut entravée par le tarif des douanes que le gouvernement Prussien établit à Fordon, les polonais, qui se virent presque sans commerce, tentèrent de renouveller celui de la mer Noire. La Russie parut d'abord favoriser leurs vues : elle sentoit bien que son nouveau port de Cherson ne pouvoit se soutenir que par un commerce actif avec la Pologne. Son motif secret étoit sans doute encore de diminuer par-là les revenus du roi de Prusse. Prot-Potocki et Tepper, les plus célèbres banquiers de Varsovie, établirent des factoreries à Cherson. Il étoit même question d'envoyer à Toulon des échantillons des différentes productions dont la nature enrichit les provinces méridionales de la Pologne, telles que bois de construction, salaisons, chanvre, salpêtre, suif, goudron, etc. Des arrangémens avoient déjà été pris à cet effet avec différens propriétaires polonais (1).

---

(1) M. Descorches, ministre français à Varsovie, très-zélé pour les intérêts de son pays, s'est beaucoup occupé de recherches sur les productions de la Pologne, sur leur qualité, leur prix et les moyens d'établir un commerce réciproque avec la France. Il a trouvé dans cet objet de sa solici-

Mais la Russie, toujours jalouse de la prospérité de cette puissance voisine, fit échouer un projet qu'elle avoit d'abord fait semblant de protéger. Ce commerce, en lui faisant connoître tous les avantages que la Pologne pouvoit retirer de ses provinces voisines de la mer Noire, lui fit naître l'idée qu'elle devoit s'en emparer.

Ces provinces, arrosées par le Dnieper grossi par le Pripec, le Bog et le Dniester, qui tous vont se décharger dans la mer Noire, sont d'une plus grande étendue, offrent beaucoup plus d'objets d'exportation, et à plus bas prix, que les autres contrées de la Pologne, qui fournissent par la Vistule et le Niemen leurs productions pour le commerce de la Baltique.

ARTICLE II.

Commerce sur la Baltique.

TOUTE la partie de la Prusse, jadis appellée Prusse polonaise, aujourd'hui connue sous le nom de Prusse occidentale, lasse du joug de l'ordre Teutonique, se donna, en 1457, à Casimir, roi de Pologne, et s'incorpora à la nation polonaise. C'est l'époque où cette puissance se trouva avoir en sa possession la ville de Dantzick, et avec elle les ports sur la Baltique.

---

tude de grandes ressources dans les lumières et l'activité de M. Boneau, alors consul de France à Varsovie, qui, pour prix de sa fidélité aux intérêts de sa patrie, gémit aujourd'hui dans les fers des Russes.

La Livonie, gouvernée despotiquement par les chevaliers appelés Porte-glaives, sous l'autorité de leur grand-maître, se soumit également, en 1556, à la Pologne et à son roi Sigismond Auguste. Cette réunion ajouta encore à ses possessions sur la Baltique, par l'acquisition de Riga et autres ports de la Livonie, ainsi que du port de Libau et de l'attérage nommé Polanga, du côté de Memmel en Curlande.

Toutes ces vastes provinces, qui, pour la plupart, se sont successivement réunies à la Pologne, et la ville libre de Novogorod, habitée alors par les Slaves russes, étant liées par différens traités et par des rapports commerciaux avec la Suède, la Norvège, et le Danemarck, non-seulement ont fourni au reste de l'Europe, par la Baltique, les productions variées du Nord, mais si les richesses de la Perse et des Indes ont pris la route du Nord pour arriver dans le Midi, ce sont les Novogorodiens qui, au moyen de la navigation de la mer Caspienne, faisoient passer toutes sortes de marchandises des Indes, par la Bucharie, à Astrakan, et de là, par Volga, à Novogorod. Ils avoient leurs comptoirs en Norvège, ainsi que dans différentes parties de la Livonie, d'où ils répandirent, par la Baltique, leur commerce dans toute l'Europe.

C'est pourquoi, avant que ces villes maritimes se fussent incorporées à la Pologne, elles faisoient déjà partie de cette fameuse association, connue sous le nom de ligue anséatique. A raison de leur situation topographique, qui les mettoit à portée d'avoir des rapports plus directs avec les différentes provinces de la Pologne et du duché de Lithuanie, elles étoient comme l'entrepôt général de cette célèbre société de commerce. Il se peut que le berceau de cette société se soit formé d'abord sur le Veser, l'Elbe, et le Rhin. Les villes voisines de ce fleuve avoient appris plutôt des nations méridionales l'art de la navigation et du commerce, ainsi que l'usage de la monnoie. Mais comme elles n'avoient pas assez de marchandises de leur crû pour soutenir avec avantage leurs relations commerciales, elles durent tourner leurs vues vers les côtes septentrionales de la Baltique, tant pour les objets d'exportation que pour ceux d'importation : et c'est pour cette raison que Bremen, Hambourg, Cologne, Lubek, etc. s'unirent avec Dantzick, Koenisberg, Riga, Revel, Elbing, Thorn, Novogorod, etc.

Nous n'avons parlé de la ligue anséatique, que pour faire connoître le rang que la Pologne, dans des tems aussi reculés, occupoit déjà parmi les nations commerçantes. La fertilité de son sol, non-seulement la rendoit dès-lors la principale source des richesses du Nord, mais l'avoit déjà fait appeler le grenier de l'Europe. Ses productions variées, avant qu'elle eût acquis des écoulemens faciles par la Baltique, attiroient de tous côtés les étrangers dans l'intérieur de ses provinces.

Casimir-le-Grand, en 1344, touché de la famine qui désoloit plusieurs pays limitrophes du sien, ouvrit généreusement ses magasins. Les particuliers qui n'étoient pas en état de le payer, n'en reçurent pas moins les secours dont ils avoient besoin. Il les employa à des travaux publics, et leur décompta le prix des avances qui leur avoit été faites. Le grand nombre de villes, dont les ruines frappent encore les yeux du voyageur, et qui furent bâties sous son règne, attestent l'humanité du dernier des Piast, et la fertilité du pays.

C'est ce même prince qui fut le fondateur d'une

ville appellée de son nom Kasimirz, sur la Vistule, dans le palatinat de Lublin, aujourd'hui enclavée dans les possessions de l'Autriche. Elle étoit destinée à être l'entrepôt général des bleds de la Pologne. Les ruines de nombreux magasins qu'on y découvre encore, attestent cette vérité. Lorsque les Polonais, moins pressés par les besoins du luxe, sacrifioient plus à l'intérêt public, ils aimoient mieux souvent différer la vente de leurs productions, que d'en précipiter l'exportation irréfléchie vers quelque port de la Baltique, où les agioteurs nationaux et les négocians étrangers fixoient arbitrairement les prix des denrées.

Les autres villes anséatiques et toute l'Allemagne prenoient un vif intérêt à la conservation et à la liberté du port de Dantzick, ainsi que des ports de Riga, Libau, Novogorod, avec leurs dépendances. C'est par ce même intérêt, fondé sur des rapports commerciaux, que les villes de Lubeck et Bremen ont concouru à l'institution des chevaliers de l'ordre Teutonique, et de ceux appellés Porte-glaives, qui dans la suite furent envoyés pour assurer la liberté du commerce de la Baltique.

Mais dans la succession des tems, lorsque ces ordres, perdant de vue l'esprit de leur institution, de protecteurs du commerce qu'ils étoient, en furent devenus les tyrans par les taxes arbitraires dont ils l'avoient surchargé, toutes les villes anséatiques s'opposèrent à cette usurpation. En 1421, le grand-maître de l'ordre fut forcé, par les représentans de la diète de Lubeck, de se désister d'un droit d'entrée et de sortie, appellé Pfundzoll.

Les villes de Dantzick, Elbing et Koenisberg, étoient le centre de toutes les opérations politiques et militaires relatives à l'étendue et à la liberté du commerce. C'est là que les conventions particulières se stipuloient avec les Anglais. Les habitans des Pays-Bas, à qui aucun objet de commerce n'échappoit, eurent soin d'entretenir avec les villes dont nous parlons, des liaisons habituelles d'intérêts et de secours réciproques. Les Provinces-Unies, depuis qu'elles eurent secoué le joug de leurs tyrans, ne cessèrent de protéger la liberté du commerce de la Baltique, et garantirent plus d'une fois les villes maritimes du nord de la Pologne contre les entreprises des provinces voisines.

Les rois de France n'ignoroient pas de quelle importance étoit pour leurs états le commerce du nord; aussi Louis XI et Charles VIII cherchèrent-ils à le favoriser en affranchissant les villes anséatiques de tout droit de péage pour l'entrée de leurs marchandises ; Louis XIV y ajouta d'importans priviléges par son traité de marine et de commerce ; Louis XV les confirma; et, averti des projets concertés par la Czarine Elisabeth de s'emparer du port de Dantzick, il mit tout en œuvre pour faire avorter ce dessein.

Si les ports de Dantzick et de Riga ont tant intéressé le reste de l'Europe, sous le rapport de l'exportation, ils n'ont pas été moins importans pour toutes les puissances maritimes et du continent, sous le rapport de l'importation. La Pologne, toute abondante qu'elle étoit, avoit, sous d'autres rapports, ses vastes besoins. Aussi l'on a remarqué que si en général on tiroit beaucoup plus d'objets de commerce de la Baltique que l'on y en portoit, il falloit pourtant en excepter Dantzick, qui, étant comme le magasin général d'approvisionnement de la Pologne, attiroit à elle de tous les pays, beaucoup de marchandises.

étrangères. Cette vérité de fait étoit une suite du principe que les Polonais ont invariablement suivi, de donner toute leur attention à l'agriculture. Ils fournissoient donc à l'étranger les productions abondantes de leur sol, et en recevoient en retour les fruits de l'industrie, ou les productions naturelles du midi et même du nord, que le climat ou d'autres causes physiques leur refusoient. De cet échange de richesses, que les besoins naturels d'un côté, et de l'autre ceux du goût et du luxe rendent nécessaires, il résulta plus d'un avantage pour vingt nations qui soutiennent seules le commerce économique et de l'industrie ; et qui, placées au milieu des marais, des sables, ou sur des montagnes, n'ont d'autre ressource que les arts et la navigation pour nourrir une population beaucoup trop nombreuse, relativement au produit de leur sol.

On ne peut pas disconvenir que les premiers besoins de l'homme n'ayent fait des subsistances l'objet le plus important de la navigation. En vain voudroit-on exagérer les richesses artificielles d'un peuple chez lequel l'agriculture seroit négligée, ou à qui la nature auroit refusé la fertilité du sol : l'expérience prouve assez que le pays le plus véritablement riche est celui qui est le plus abondant en productions territoriales. Nous allons jeter un coup d'œil rapide sur celles de la Pologne.

ARTICLE III.

Sur la richesse et l'excédent des récoltes.

Il seroit difficile de déterminer au juste la quantité de grains et des autres denrées que l'on exportoit de la Pologne ; d'abord, parce que le produit et la consommation ont dû varier ; en second lieu, parce que les différentes contrées, dans un état aussi étendu, ayant leurs débouchés particuliers, tant par eau que par terre, il n'est guères possible de fixer le montant de la dépense et celui de l'exportation.

Le commerce que la Pologne a fait d'abord sur la Baltique, par la Vistule, étoit, sans contredit, le plus considérable ; mais la Livonie, l'Estonie et la Curlande, par les ports de Riga, Revel, Libau, etc. ainsi que les villes de Memmel et Koënisberg, ont versé de tout tems chez l'étranger les productions multipliées du territoire Polonais.

Les provinces méridionales de la Pologne n'ont cessé de voiturer toutes sortes de grains aux cozaques Zaporoviens, chez qui l'agriculture n'étoit point en vigueur ; tandis que les contrées limitrophes de la Silésie, de la Marche Brande-Bourgeoise et de la Poméranie, étoient en possession d'approvisionner, plus par terre que par le Varta et les autres fleuves, les Silésiens, les Bohémiens, les Saxons et les Poméraniens.

Nous ne parlerons pas pour le moment des autres productions de la Pologne : nous nous attacherons seulement à l'article des grains ; mais pour parvenir à déterminer des calculs plus précis sur le produit des récoltes, sur la consommation de l'intérieur, et sur l'excédent à exporter, nous nous réglerons sur les bases convenues par les meilleurs écrivains économistes de la France, adoptant la même étendue de terrein pour l'arpent, la même capacité de mesure, la même quantité pour semence, sauf la quotité de consommation par individu, que nous portons plus haut.

Des observateurs très-expérimentés assurent qu'il y a en Pologne des palatinats où le sol rend depuis 20 jusqu'à 30 pour un. Les contrées situées vers le Dnieper et le Dniester, comprises ordinairement sous le nom de l'Ukraine, sont encore plus favorisées par la nature. Le célèbre cardinal Commendon, au retour d'un voyage dans ces heureux climats, disoit : les peuples de ces provinces ne font que remuer la terre et jetter du grain avec assez de négligence. Le fond y est si fertile, que pour un septier de froment, on en recueille ordinairement plus de 50. (1).

Ce n'est point une exagération : outre que les faits viennent à l'appui de cette assertion, il est à remarquer que ces contrées sont limitrophes de la Chersonnèse Taurique, dont la fertilité, citée encore par Strabon, est évaluée dans la proportion de trente pour un. (2).

Mais comme notre objet est d'évaluer le produit collectif des récoltes de la Pologne entière, dans laquelle il se trouve des fonds de terre de qualité différente, nous établirons notre base générale, non sur le rapport des contrées les plus fertiles, mais sur le produit le plus bas, lequel peut s'estimer à 4 septiers

(1) La vie du Cardinal Commendon, par Fléchier.
(2) Strabon, Liv. 7, pag. 215.

par arpent ; c'est-à-dire, à 8 pour un, à raison d'un demi septier pour semence par arpent.

D'après un mesurage exécuté sur les meilleures cartes de la Pologne, on a trouvé que ce royaume, après son premier partage en 1773, contenoit encore environ 20,000 lieues quarrées, la lieue de 2282 toises, et une population à peu près de 8 millions d'habitans.

Comptant 900 toises quarrées pour l'arpent, la Pologne, d'après cette étendue déterminée, contenoit donc 115,722,533 arpens.

Les auteurs qui ont traité de l'économie politique de la France, ont varié dans leurs principes sur la division proportionnelle des terres labourables et des terreins non cultivés. Les uns ont déduit de la masse totale un cinquième pour les rivières, les chemins, les haies, les maisons, les landes, etc. les autres un quart, en y ajoutant en sus 50 millions d'arpens pour les bois, les prés, les vignes, etc.

Nous n'adopterons pas ces bases à l'égard de la Pologne comme étant un pays moins exploité. Nous déduirons d'abord le tiers pour les bois et les terres en friche : il restera donc 77,148,355 arpens, dont nous ôterons encore le quart pour les chemins, les rivières, les prés, etc. ce qui nous donne 57,861,266 arpens ; mais retranchant encore 14 millions, d'après les calculs les plus approximatifs, pour l'emplacement des villes, villages et jardins potagers, on aura 43,861,266 arpens de terres labourables.

Mais comme il est d'usage, dans la plus grande partie de la Pologne de laisser un tiers des terres en jachères, et un autre tiers pour les menus grains, nous n'aurons plus que 14,620,422 arpens, en rapport de bled.

Etablissant qu'il en faut un demi-septier pour ensemencer chaque arpent, le total de la semence sera de 7,310,211 septiers, laquelle somme, d'après la proportion établie de 8 pour un de rapport, doit donner pour le produit net d'une récolte 58,481,688 septiers de bled.

Or, en prélevant sur ce produit les 7,310,211 septiers de semence; plus, 20,000,000 pour la consommation de 8 millions d'habitans, à raison de deux septiers et demi par individu, il nous reste un excédent net de 31,171,477 septiers.

Ces calculs ne sont point exagérés, ni fondés sur de simples conjectures. Pour avoir des résultats justes, autant qu'il est possible, nous avons suivi les principes des meilleurs écrivains en cette matière, en les appliquant à l'état économique de la Pologne; et même en évaluant à 2 septiers et demi la consommation de chaque individu, nous l'avons portée plus haut que l'auteur sur la Législation et le commerce des grains, qui prétend que c'est une erreur de la porter au-delà de 2 septiers par bouche.

En 1791, lorsque la Pologne voulut secouer le joug des étrangers, et sortir de l'anarchie féodale, les meilleurs publicistes du pays s'étudièrent à chercher des règles sûres pour rétablir les finances. L'imposition foncière, sans rien prendre sur les besoins réels du peuple, répondoit aux vues générales. Après les recherches les plus scrupuleuses et les calculs les plus probables, on trouva que le produit de la récolte annuelle, tant en bled qu'en menu grains, devoit monter à 5,500,000 lats, ou 110,000,000 de septiers de Paris, en comptant 20 septiers pour un last. De ce principe, procédant à trouver le revenu net imposable, on a retranché de la masse de la récolte, tant pour le nécessaire abondant du propriétaire, que pour ses avances foncières, 4,400,000 lasts ; et on a trouvé qu'il restoit de revenu net, sujet à l'imposition, 1,100,000 lasts de différens grains, (22,000,000 de septiers) Or, en n'évaluant le last qu'à 150 florins de Pologne, ce qui est le prix le plus bas, vu qu'on y comprenoit toute espèce de grains, il en résultoit que le produit net devoit être de 165,000,000 de florins, ou 96,250,000 livres, ce qui ne feroit que 4 liv. 7 sols 6 deniers par septier.

Aussi la ville de Dantzick a vu dans ses beaux jours, jusqu'à 1200 bateaux chargés de grains, entrer, année commune, dans son port, lesquels, joints à l'importation des autres productions, ont fait monter jusqu'à dix millions de ducats (105,000,000 liv. tournois,) la circulation annuelle de cette place de commerce. Le roi de Prusse, après le premier partage de la Pologne, ayant établi une Douane à Fordon, retiroit du droit de *transit* sur la Vistule, à peu près 300,000 ducats, (3,150,000 livres).

Nous ne citons que l'exemple de Dantzick : le port de Konisberg, celui de Memmel, Riga, Revel, etc. n'ont alimenté leur commerce d'exportation que des différentes productions des provinces Polonaises et de la Lithuanie.

La proportion entre le produit des récoltes et l'excédent, ou l'insuffisance pour la consommation des autres pays, ne peut servir de règle pour la Pologne. Si les vérités relatives ne peuvent acquérir force de conviction que par l'expérience, les faits sont en faveur de ce pays, lequel a de tout tems produit beaucoup au-delà de sa consommation.

Une telle vérité absolue ne peut s'appliquer à aucune autre nation. Depuis tant d'années qu'on agite en France la question sur la liberté de l'exportation

tation des grains, il ne paroît pas que l'on soit encore parvenu à résoudre ce problême économique. Les systêmes établis par les philosophes économistes, ont été critiqués et combattus comme trop abstraits et remplis d'inconvéniens. Dans les ouvrages écrits pour et contre, on trouve, d'après les différentes bases de leurs calculs et de leurs données, des résultats tout différens sur le produit et la consommation des grains.

Les uns prétendent que la France récolte au-delà de sa suffisance; mais ils varient dans l'évaluation de son superflu, et sur les causes de son peu d'excédent, qu'ils portent depuis 500 mille septiers, jusqu'à cinq millions. Les autres, par un calcul plus positif, soutiennent que son produit ne peut que fournir à la consommation de 25 millions d'habitans. Enfin, l'auteur sur la Législation et le Commerce des grains croit avoir prouvé que la France, depuis 10 ans, a tiré plus de bled de l'étranger qu'elle n'en a exporté, et en conclud la nécessité de modifier la liberté constante de l'exportation; tandis que les premiers attribuent à ces entraves la décadence de l'agriculture, et concluent pour une liberté illimitée du commerce des grains. Mais on combat encore leur systême par l'exemple de la fameuse récolte de 1764, qui fit craindre que la France ne se trouvât surchargée de bled. Cependant une médiocre exportation a tellement vuidé les greniers, que deux années d'une plus foible récolte, ont haussé le prix des grains au point de faire souffrir le peuple, et de retrancher considérablement de sa subsistance. Un des plus zélés membres de la convention a paru donner dans cette opinion, en avançant à la tribune qu'il ne faut pas se dissimuler que la France est obligée de tirer annuellement des grains de l'étranger (1).

En Angleterre l'agriculture étoit autrefois si négligée, que son produit ne suffisoit pas à sa dépense. Les gratifications accordées à l'exportation des grains ont répondu, il est vrai, aux vues du législateur : mais outre qu'il est prouvé par le fait que la même quantité de bouches en Angleterre consomme beaucoup moins de bled qu'en France, on n'a jamais pu, d'un autre côté, déterminer au juste la quotité possible d'exportation annuelle. Quoique des calculateurs économistes ayent prétendu qu'il sortoit chaque année des ports de l'Angleterre un sixième de sa récolte, l'auteur le plus moderne (2) soutient que les Anglais, qui ont surpassé tous les peuples de l'Europe dans l'agriculture pratique, n'ont pu exporter, année commune, en grains de toute espèce, que le montant de leur consommation pour 15 jours : et ces 15 jours, ajoute le même auteur, n'en seroient pas cinq pour la France.

Quoiqu'il en soit, toutes ces discussions économistiques, et les différens calculs sur l'exportation des grains, supposent toujours, tant pour la France que pour l'Angleterre, un tems de paix et de prospérité intérieure. A la moindre apparence de guerre ou de troubles domestiques, toute possibilité d'exportation quelconque s'évanouit. C'est sur la famine que les ennemis de la France ont calculé pour la subjuguer;

---

(1) Des calculs vrais portent au douzième de vos besoins la quantité de grains que vous êtes obligés de tirer annuellement de l'étranger. (Opinion de Roberjeol sur la réunion de la Belgique)

(2) Herrenshwand, économiste politique, page 170.

c'est la pénurie des denrées de première nécessité, qui cause les plus dangereuses émeutes en Angleterre.

On s'est accoutumé depuis quelque tems à compter sur l'excédent des productions de l'Amérique. Certes, son sol fertile n'attendoit qu'à être cultivé par des mains libres : l'effet a prouvé cette vérité. Mais l'Amérique elle-même ne peut-elle être engagée dans quelque guerre au-dehors, ou livrée à des dissentions intestines qui la mettent dans l'impossibilité de rien verser chez l'étranger ? Aujourd'hui même on a des nouvelles positives de New-Yorck que les Etats-Unis n'ont, en ce moment, que leur nécessaire en grains : on va même jusqu'à dire que le congrès devroit en prohiber l'exportation, vu que si la récolte prochaine venoit à manquer, il en résulteroit une détresse générale. La farine y est à un prix énorme : dans quelques contrées le baril se vend jusqu'à vingt dollars.

Jamais la Pologne n'eut besoin de ces précautions. Toute discussion sur la liberté du commerce y seroit superflue. Ni les guerres extérieures, ni les dissentions domestiques ne l'ont réduite à la nécessité de chercher des subsistances au-dehors. Et d'où en auroit-elle pu tirer ? pendant la dernière guerre de sept ans, les troupes Russes vivoient sur la Pologne ; le Brand-Bourg n'a trouvé de ressources que dans les bleds de la Pologne ; la Saxe et la Bohême en tiroient leur subsistance ; sans que cette consommation, énorme au-dedans, et le commerce qui se faisoit par terre, empêchassent que la Baltique ne fût couverte des grains et des autres productions de la Pologne. Ces faits récens sont plus concluans que toutes les probabilités économiques.

Ainsi, si, d'après nos calculs, nous croyons avoir

prouvé que la Pologne peut fournir, année commune, à l'exportation 31,171,477 septiers de bled, il est évident qu'elle trouve dans l'excédent de sa consommation annuelle de quoi se nourrir encore pendant un an, six mois et vingt-un jours ; excédent qui formeroit, à la France, pour sept mois vingt-cinq jours de subsistance.

De toutes ces réflexions et des faits cités à l'appui, concluons que les richesses territoriales de la Pologne sont immenses ; le superflu de grains qu'elle fournit à l'exportation très-considérable, et que c'est avec raison, nous aimons à le répéter, que ce pays a été appellé, de tout tems, le grenier de l'Europe.

Et qu'on n'attribue pas à son extrême dépopulation, comme le prétendent quelques publicistes, la constante surabondance de ses bleds : qu'on dise plutôt, et c'est une vérité, que la population des cultivateurs surpasse celle des consommateurs manufacturiers.

On a remarqué qu'en général les villes renfermoient le quart des habitans d'un pays. Vauban comptoit, en France, 800 tant villes que gros bourgs, peuplés d'une majeure partie de manufacturiers ou commerçans. En Pologne, après son premier démembrement, on comptoit 1414 villes et petits bourgs. Mais à l'exception de six principales cités, toutes commerçantes, et d'environ 100 bourgs manufacturiers, les autres ne peuvent être considérés que comme agricoles. Il en résulte que ce quart d'habitans retranché dans les autres pays de la classe des agriculteurs, ne peut avoir lieu pour la Pologne. Ainsi, tandis que les autres nations doivent à l'échange des fruits de leur industrie les productions étrangères qui leur manquent, la Pologne ne les doit qu'à son agriculture.

On a calculé que la France, outre sa consommation, vendoit annuellement, à l'étranger, cent mille pièces de vins de son cru : combien par conséquent d'arpens de terres plantés en vignes? La Pologne n'en a point. Ses plaines fertiles ne sont, ni hérissées de montagnes, ni couvertes de landes : peu de marais, presque point de mines : les terreins non ensemencés forment des prairies et des pâtures non moins productives que les terres labourables : delà ces nombreux haras, et cette immense quantité de bœufs qui font une nouvelle branche de son commerce. C'est donc à la fécondité de son sol, qui exige d'autant moins des bras de ses habitans, qu'il a plus reçu de la nature, que la Pologne doit la richesse de ses récoltes.

Nous ne pouvions mieux terminer ces observations, qu'en mettant les économistes politiques français à portée de juger du rapport de la classe agricole en France à celle de la Pologne, en égard à la différence d'étendue des deux pays, à celle de la population des villes, au nombre des bras employés aux manufactures, à la culture des vignes, à la marine, etc.

Mais enfin, cette Egypte de l'Europe, cette nation qui établit, sur l'agriculture, son systême de commerce au-dehors, n'est plus. S'il faut admettre que la Pologne soit rayée de la carte politique, il faut admettre aussi que la source des approvisionnemens de tous les peuples du Nord et du Midi est tarie.

La Pologne morcelée entre les trois puissances copartageantes, engloutie dans leurs vastes possessions, restera assujettie, avec ses riches productions, aux intérêts et aux systêmes de fiscalité de ses maîtres respectifs. Les priviléges de couronne, qui peuvent s'accroître au gré des gouvernemens; les priviléges exclusifs qu'on accorde aux particuliers, suivant les caprices du souverain ou les besoins de la guerre; enfin, une défense arbitraire d'importation ou d'exportation, ne laisse plus aux autres puissances de l'Europe aucun droit de compter sur les ressources qu'elles étoient sûres de trouver dans un commerce libre et illimité avec la Pologne.

On prétend que les motifs les plus puissans devroient réunir par le commerce la Russie avec la France. Mais que ces politiques éphémères connoissent peu les principes de la politique russe! les faits parlent contre leur systéme. Depuis un siècle que l'on connoît la Russie, rien n'a réalisé cette liaison, que l'on se plaisoit à regarder comme naturelle. Peut-elle jamais consentir, cette nation jalouse, pour quelque motif que ce soit, à l'accroissement d'une puissance que sa prévoyante ambition redoute d'avance! On ne sauroit douter, au contraire, que la ruine entière de la marine et du commerce de la république française, ne soit toujours le premier vœu du cabinet de Pétersbourg. Aussi Louis XIV se refusa constamment à toute liaison avec les Moscovites. Le régent s'en rapprocha par un traité de commerce; mais le succès ne répondit guères à son calcul. Louis XV n'en parut pas découragé : il s'occupa sérieusement, et à plusieurs reprises, de ce projet de liaison; mais le commerce de France en Russie n'en a pris ni plus d'essor ni de consistance qu'auparavant.

Aujourd'hui c'est la Russie et l'Autriche, ces deux ennemis naturels et éternels de la France, qui sont en possession de ce riche commerce de la Pologne, comme les envahisseurs de ses plus fertiles contrées.

Vainement la Prusse voudroit-elle se flatter d'un commerce exclusif, ou du moins avantageux sur les côtes de la Baltique, même quand elle resteroit maîtresse de l'embouchure de la Vistule ; tant que l'Autriche, et principalement la Russie, auront en leur possession les palatinats de la Pologne, les plus riches en productions de toute espèce, il leur sera facile d'absorber entièrement ce commerce, au détriment même de la Prusse.

Frédéric II le prévoyoit bien. Aussi n'auroit-il jamais consenti à l'anéantissement total de la Pologne. En établissant la douane de Fordon, il s'étoit assuré, moyennant le droit de *transit*, d'une portion de ce riche commerce d'exportation par la Vistule. Nous avons déjà dit qu'il en tiroit jusqu'à 300,000 ducats, (3,150,000 liv.) sans compter ce qui lui provenoit du transport par terre. Aujourd'hui, que le gouvernement Prussien se fasse rendre compte du produit de sa douane, ainsi que de son commerce intérieur, il verra que cette branche de revenu, presque entièrement desséchée, ne lui laisse plus aucune comparaison à faire. La cause en est naturelle : elle se trouve dans le partage de la Pologne effectué au seul avantage de la Russie. C'est ce que nous allons prouver en peu de mots.

ARTICLE IV.

Cause de la chûte infaillible du commmerce de la Prusse.

C'EST une vérité de fait que le commerce de Dantzick décline de jour en jour, depuis que cette ville a changé de maître. Une circulation de dix millions de ducats, que le commerce extérieur alimentoit dans ce port, a été réduite, sous le gouvernement prussien, qui le croiroit ? à trois millions. Tout ce qu'a perdu le port de Dantzick, et par conséquent le fisc prussien, a tourné au profit de la Russie, parce que les principales sources de richesses que ce commerce y attiroit, ont pris leurs cours vers les ports de Riga, Revel, Cronstad et Libau : ce dernier dépendant de la Curlande, fief de la Pologne, et jouissant d'une entière liberté, a été pendant quelque tems fort avantageux aux Polonois ; mais il vient d'être aussi envahi par les Russes.

C'est par l'effet naturel de la position des provinces partagées, et des différens fleuves qui les arrosent, que la Russie, conjointement avec l'Autriche, deviendra de proche en proche maîtresse absolue du commerce de la Baltique et de la mer Noire. Les palatinats possédés par la Prusse sont situés de manière qu'ils ne peuvent fournir à Dantzick, par la Vistule, qu'une petite portion du superflu de leurs grains, ainsi que de leurs productions à l'usage de la marine et des différentes manufactures.

Les provinces de la Grande-Pologne produisent,

il est vrai, toutes sortes de denrées en abondance. Mais il n'y a guères que quelques contrées des palatinats de Curavie, de Dobrzyn, de Lenczyc, et du duché de Masovie, que le voisinage de la Vistule mette à portée d'entretenir un commerce direct, au gré du gouvernement prussien, avec le port de Dantzick. Les palatinats de Posen, de Kalisz, etc. ont de tout tems fourni leurs riches productions à la Silésie, à la Marche de Brande-Bourg, et par la Varta, à la Poméranie même. Le port de Stetin a pu servir d'écoulement au commerce du dehors; mais plus ordinairement tous les bleds de la Grande-Pologne suppléoient aux besoins de la Silésie, de la Poméranie, de la Saxe, et approvisionnoient jusqu'à la Bohême dans les tems de disette. Pour faciliter ce débouché, Frédéric II, après le premier démembrement de la Pologne, fit creuser un nouveau canal qui, joignant l'Oder à la Netze (1), attire toutes les richesses de la Grande-Pologne dans les anciens états de la Prusse.

Les provinces polonaises, possédées aujourd'hui par la Russie, s'étendent depuis la Curlande, c'est-à-dire, depuis la Baltique jusqu'au Dniester, dans la longueur de 360 lieues, et depuis le Dniéper, vers le Bug, à-peu-près sur une largeur de 200.

Toute cette étendue de pays est arrosée par les fleuves suivans : le Dniéper, le Dniester, le Pripec, le Boh, le Slucz, le Horyn, le Styr, le Strumien, le Muhaviec, la Vilia, le Niemen, la Sczara, et la Dzvina, dont les eaux facilitent les débouchés dans la Baltique, les autres dans la mer Noire, et ouvrent

(1) Rivière du palatinat de Posen, dans la Grande-Pologne.

par conséquent à la Russie les routes du commerce le plus vaste et le plus riche qui se soit fait jusqu'à présent du nord au midi.

Mais ce qu'on ignore peut-être, et qu'il est très-intéressant de savoir, c'est qu'il sera très-facile à la Russie, au moyen des canaux qu'elle a trouvés déjà ébauchés, de ruiner, ou au moins de charger de nouvelles entraves le commerce de la Prusse.

Ces deux canaux commencés, l'un par le gouvernement polonais, et appelé le canal de la République, l'autre par un particulier nommé Oginski, et qui porte le nom de son auteur, ont été creusés, il est vrai, dans l'intention d'ouvrir à différentes provinces une communication avec la Vistule et le Niémen. Mais la Russie, maîtresse de toutes ces contrées, peut faire servir ces mêmes canaux aux intérêts de sa politique. Le premier, en joignant le Pripec au Muhaviec, qui se décharge dans le Bug, devoit procurer au palatinat fertile de Brzesc, et à d'autres pays arrosés par le Strumien, le Styr, le Horyn et le Pripec, un débouché direct par le Bug à la Vistule; mais le gouvernement Russe peut avoir la fantaisie d'établir un entrepôt à l'embouchure de ce canal, ou, ce qui lui paroîtra plus simple encore, le faire servir, en suivant le cours du Pripec, à détourner tout ce commerce vers le Borystène.

Le canal d'Oginiski, joignant le Niémen au Pripec, par la Sczara et la Jasiolda, ouvroit une branche extrêmement riche d'un nouveau commerce pour Memmel, provenant des productions variées de Polisie, de Lithuanie et de Polisie d'Ukraine; mais la Russie, qui tient également toutes ces provinces en sa possession, saura bien trouver les moyens de faire avorter des espérances aussi flatteuses pour le commerce de la Prusse. Elle peut, par une défense d'exportation si praticable dans ce gouvernement, ou arrêter cette navigation, ou lui donner sa direction vers le Borystène, en descendant le Pripec.

Il est encore un danger à redouter pour le commerce de la Prusse. Tout près de Memel est un attérage en Curlande, appelé Polanga, jadis port assez connu. Suivant ce qu'on peut recueillir des annales de la Pologne, il subsista jusqu'au règne de Jean Casimir, époque à laquelle ayant été abandonné par les Anglais qui en faisoient le principal commerce, il cessa d'être navigable. Lors de la fameuse révolution de 1791, qui sembloit annoncer la régénération de la Pologne, en lui promettant un nouveau gouvernement, les négocians anglais proposèrent au ministre Bukati, résident à Londres, de faire rétablir ce port à leurs frais, sous la condition de leur en accorder, pour soixante ans, la jouissance exclusive, au but du quel terme, ils s'obligeoient de le rendre à la république dans son ancienne splendeur. La Russie ne laissera pas échapper cette occasion de donner un aussi puissant rival au commerce de la Prusse, afin de lui porter un coup mortel.

Nous n'étendrons pas plus loin ces considérations; nous nous bornerons à citer un genre d'obstacle que le commerce prussien trouvera dans la constitution même de l'état. Avec beaucoup de côtes et de ports sur la Baltique, le gouvernement n'a point de marine militaire pour protéger ni ses parages ni son commerce. Le baron de Herzberg (1), le plus zèlé

---

(1) OEuvres politiques, tom. I, pag. 88.

des ministres prussiens, n'a pu disconvenir, dans l'éloge même qu'il fait des exploits du grand électeur, que son projet d'établir une marine militaire devoit naturellement échouer. Il est des états, ajoute t-il, qui, par la nature de leur situation, peuvent et doivent même, en bonne politique, se passer de marine militaire. Si donc la Prusse ne peut avoir de vaisseaux pour protéger et garantir ses côtes et ses ports, comment parviendroit-elle à faire face à la marine Russe, qui pourra l'attaquer toujours impunément, et paralyser son commerce?

Nous avons dit que l'Autriche possédoit quelques provinces de la Pologne, qui ayant un excédent considérable, tant en grains qu'en autres productions, commerçoient directement avec Dantzick. Certes, maîtresse de la Gallicie, elle jouissoit déjà d'une des plus riches parties des états polonais. Le San, et d'autres rivières navigables facilitant des débouchés vers la Vistule, procuroient un écoulement facile des denrées superflues. Aujourd'hui que cette même puissance a de plus obtenu, dans le dernier partage, les palatinats de Cracovie, de Sandomirz, de Lublin, etc., elle est en possession des contrées les plus fertiles en froment, dont le superflu s'exportoit directement par la Vistule à Dantzick. Mais peut-on douter que le gouvernement Autrichien, entraîné par des motifs si propres à diriger sa politique, et disposé d'ailleurs à suivre le même système que la Russie, n'adopte des mesures qui lui seront dictées par son propre intérêt, et par les principes du cabinet de Pétersbourg, ennemi naturel de la puissance prussienne, pour entraver son commerce lucratif, tant par eau que par terre.

Nous avons observé plus haut que Casimir-le-Grand avoit fait de la ville de Kazimierz, un entrepôt général de grains, où les étrangers étoient obligés de venir faire des achats de bleds pour les faire passer à Dantzick. Ne peut-on pas présumer que le fisc autrichien adoptera le même systême mercantile, pour empêcher le commerce de cette importante place de fleurir, faire perdre par conséquent à la Prusse une partie des trésors que verse dans ses coffres le droit de transit, et, ce qui est encore plus à considérer, pour ne disposer de ses bleds qu'en faveur d'une puissance amie : la preuve en est que la cour de Vienne a défendu l'exportation aux provinces de la Gallicie, et aux palatinats nouvellement usurpés, excepté en faveur du gouvernement Anglais.

On prétend que sous Joseph II; le comte de Rosemberg avoit formé le projet d'un traité de commerce entre la cour de Vienne et celle de Lisbonne, par lequel l'Autriche s'engageoit à fournir au Portugal des bleds qu'il ne pouvoit tirer qu'à grands frais des états barbaresques. Quelque dispendieuse et difficile que paroisse l'exécution de ce projet, vu le transport par terre jusqu'à Fium ou Trieste, le Portugal devoit y gagner huit pour cent, par comparaison avec ses achats dans la Barbarie.

En voilà bien assez sur les obstacles qui peuvent arrêter l'essor du commerce prussien par la voie de la Vistule et de Dantzick; mais nous ne pouvons finir cet article sans dire deux mots sur la défaveur que la Prusse doit éprouver encore dans son commerce intérieur et d'exportation pratiqué autrefois dans les provinces méridionales de la Pologne.

Les anciennes provinces prussiennes, et quelques-unes de celles qui sont plus nouvellement réunies, ont toujours eu besoin de s'approvisionner en Pologne de différens objets de consommation, le roi Sigismond Ier, en 1512, indigné des procédés des Silésiens; et sur-tout de la ville de Breslaw et de celle de Francfort sur l'Oder, qui s'érigeant en villes d'étape, mettoient des entraves à la liberté du commerce des Polonais en Allemagne et en Bohême, rompit toût commerce d'exportation avec leurs états, et déclara que les négocians seroient obligés de venir se pourvoir dans l'intérieur de la Pologne. Cette stagnation de commerce, ruineuse pour les Allemands, dura quatre ans, jusqu'à ce que cédant enfin à la voix impérieuse de la nécessité, ils furent contraints de se conformer au réglement du roi Sigismond (1). La Russie et l'Autriche pourroient profiter de cet exemple pour dicter les lois les plus dures aux provinces de la Prusse.

Les toiles de la Silésie, l'ambre recueilli sur les bords de la Baltique, beaucoup d'autres articles provenant des foires de Francfort-sur-l'Oder, étoient des objets très-lucratifs pour le commerce prussien, et se répandoient (graces à la liberté du commerce en Pologne) jusques sur les côtes de la mer Noire. La Grande-Pologne, aujourd'hui la Prusse méridionale, et la Prusse jadis Polonaise, aujourd'hui occidentale, surtout la ville de Kaunitz, vendoient très-avantageusement ses draps dans les provinces méridionales de la Pologne. Mais un point essentiel pour l'état militaire prussien, c'est qu'il ne pouvoit tirer ses chevaux de remonte que de ces mêmes provinces, de la Valachie et de la Moldavie. Aujourd'hui la Prusse, dans un objet aussi important pour elle, trouve des entraves

---

(1) *Victa est Bratislavensium pertinacia et in Poloniam pro conducendis mercibus ire, aut vectigalia solvere sunt adacti.* Cromer, pag. 547.

aussi bien sur les possessions russes que sur les frontières de l'Autriche.

Mais nous ne pouvons mieux faire sentir tous les avantages commerciaux de la Russie dans son dernier envahissement de la Pologne, qu'en présentant à nos lecteurs une esquisse des productions et du superflu de ces riches contrées.

ARTICLE V.

Avantages exclusifs de la Russie dans le partage de la Pologne.

Le pays situé entre le Borystène, le Bog, et le Dniester, et qui pénètre jusqu'en Lithuanie par le canton de Pinsk, nommé communément Polisie d'Ukraine et Polisie de Lithuanie, s'étend sur l'une et l'autre rive du Pripec, dans l'espace de plus de cent vingt lieues communes. Ce pays est couvert de forêts, qui produisent toutes sortes de bois de construction et de mâture, richesse incalculable pour la marine. Pour en donner une idée, il suffira de dire que M. Durno, jadis consul d'Angleterre à Memmel, voulant traiter avec le Prince Radziwil, propriétaire des forêts appellées Slouck, lui proposa, pour premier à compte, une somme de cinquante mille ducats. 525,000 liv.

Les négocians de Riga ne trouvant plus de bois de cette espèce dans le voisinage du Niémen, sont obligés d'aller les chercher jusques dans les contrées dont nous parlons, d'où ils ne parviennent à les transporter qu'avec des frais et un tems considérables. Il faut d'abord qu'ils les fassent voiturer par terre quelquefois jusqu'à soixante lieues, pour arriver au fleuve Berezina ; puis, qu'ils leur en fassent remonter le courant jusqu'à Czroniek, pour ensuite les recharger sur les voitures qui les portent jusqu'à une rivière qui se jettent dans la Dzwina, laquelle aboutit enfin à Riga. Ce transport est l'ouvrage de dix-huit à vingt mois, quelquefois même de deux ans. Au lieu que ces mêmes bois, tirés des forêts en question, plus voisines de la mer Noire, ne faisant que descendre les rivières qui s'y déchargent, peuvent arriver jusqu'à Cherson dans l'espace, au plus, de quatorze semaines. Le premier transport s'en fait par terre jusqu'à Krzemienczuk, la dernière ville avant les catharactes de Borystène. De là, sans avoir égard ni à la saison ni à la hauteur des eaux, on abandonne au courant de ce fleuve ces mêmes bois, qui après avoir rompu leurs trains en franchissant successivement les différentes échelles des catharactes, sont de nouveau remis en trains pour descendre librement jusqu'au premier port de la mer Noire. Que l'on juge après cela de la différence entre le prix de l'achat et les frais de transport jusqu'à laBaltique par le port de Riga, et ceux jusqu'à la mer-Noire par le port de Cherson. Les négocians Russes achetant dans ces mêmes forêts des bois de construction pour être transportés à Cherson, ne paient pour une mesure cubique pesant quarante livres de Russie, ou trente-trois livres de France, qu'environ 6, 7, et 8 copeks. D'ailleurs, ils se chargent eux-mêmes du transport, qui se fait presque sans frais. Il est à remarquer que dans cette mesure cubique, livre est calculée sur le pied du bois sec.

Dans

Dans les environs du Dniester, et du Dniéper, pays plus voisins encore de la mer Noire, il y a aussi de grandes forêts qui abondent en toute espèce de bois dur. Il s'y trouve même des sapins depuis vingt-quatre jusqu'à trente palmes, dont le prix, vu la facilité du transport, seroit encore infiniment moindre que le prix d'exportation sur la Baltique. L'exploitation de ces bois en planches de toute espèce, fourniroit un objet de commerce considérable.

Le goudron est encore une production très-importante de ce pays. Les Russes, qui viennent l'y chercher pour leur commerce de Cherson, le paient depuis quatorze jusqu'à dix-huit roubles par tonneau, contenant soixante vedro, qui font ensemble sept cens quatre-vingts pintes de Paris. Les deux seules contrées de Polisie en fournissoient dans les derniers tems jusqu'à cent mille tonneaux par an.

La fabrication de la potasse et de la vedasse est une autre branche de commerce d'exportation très-lucrative pour ces provinces de la Pologne, vu l'immensité de forêts qui les couvrent, on pourroit dire que c'est une mine d'or inépuisable pour ces contrées. En Russie même on a déjà presque défendu ce genre de fabrique, à cause de la grande consommation de bois qu'il nécessite. Dans les environs du Pripec et du Borystène, l'expérience a constaté qu'au moyen d'une économie forestière, la fertilité du sol reproduit au bout de 10 ans de coupe des pousses de bois capables de donner, de nouveau, des cendres propres à la fabrication de la potasse. Il y en a de différentes sortes. Les marchands les réduisent à quatre. La meilleure se paye de 50 à 60 ducats de Hollande la barrique, contenant 6 schiffunds. Les polonais, malgré la longueur des trajets, ne se rebutoient pas de

C

ce commerce. Des forêts reculés du Niemen on voituroit la potasse souvent à la distance de 120 lieues. On ne sauroit évaluer au juste l'exportation de cet article : mais on peut en juger par ce seul exemple : cinq propriétaires de forêts dans les environs du Pripec, ont exporté annuellement 1720 schiffunds de potasse et vedasse. De quelle importance ne pourroit pas devenir cette branche de commerce, si, par le voisinage de la mer Noire, on pouvoit lui donner sa direction de ce côté ? Les cataractes du Borystène ne sauroient être un obstacle à cette direction : car outre qu'il y a des fabriques situées au-dessous de ces cascades de rochers, pour le débouché de celles qui se trouvent au-dessus, il ne s'agiroit que de profiter de la crue des eaux au printems, pour franchir, sans risque, ces obstacles.

Ce sont encore ces mêmes provinces si fertiles en pâturages qui ont fourni de tout tems des bœufs et des chevaux, non-seulement aux autres provinces de la Pologne, mais encore à une grande partie de l'Allemagne.

Le prix, pour un bœuf ordinaire, étoit de 3 ducats, 31 livres 10 sols. Un bœuf pesant jusqu'à 800 livres, n'auroit coûté que cinq ducats, 52 livres 10 sols. Il seroit superflu de détailler les avantages qu'il y auroit à tirer de ces contrées des salaisons et des tablettes de bouillons, vu sur-tout le bas prix du sel fossile dans les environs de la mer Noire et de la Moldavie.

La race des chevaux y est communément très-belle. Le prix moyen ordinaire est cinq ducats jusqu'à 10 par cheval. Pour donner une idée de la multiplicité des haras, il suffit de dire que dans une foire qui se tient, tous les ans, à Berdiczew, ville du palatinat de Kyovie, il s'y trouvoit jusqu'à 40 mille chevaux. C'est de là que le roi de Prusse, la Saxe, l'Autriche et les marchands Polonais tiroient des chevaux de remonte. La cavalerie prussienne, sur-tout la cavalerie légère, n'en pouvoit tirer d'ailleurs.

Ce que nous venons de dire sur la quantité et le bas prix des bœufs peut s'appliquer aux porcs et aux moutons. Malgré la grande consommation qui se fait des premiers dans le pays, il s'en vendoit beaucoup de salés et de fumés pour la Pologne et l'Allemagne. Le commerce des moutons n'y étoit pas moins considérable. Ceux qui ne se vendoient pas en nature étoient coupés par quartiers et jettés dans de grandes chaudières pour en tirer des suifs de brebis bouillies, objet très-important d'exportation. Les peaux de ces moutons sont connues par leur grandeur et leur qualité. Elles servent pour des fourrures et autres objets de fabrique. Le commerce des beaux cuirs de bœufs et de vaches, ainsi que des petits cuirs, de différens poids et de diverses qualités, est très-considérable. On ne sauroit fixer au juste la quantité de ces objets exportés, ni leur prix ; mais on pourroit l'évaluer, année commune, au moins à deux cent mille pièces de beaux cuirs mâles, à raison de neuf florins de Pologne la pièce, ce qui fait 1,050,000 livres tournois.

En général ces provinces passoient pour être les plus productives de la Pologne, le sol y est d'une fécondité si extraordinaire, qu'il n'a besoin que d'une foible culture, et que les engrais, au lieu de faire produire à la terre de plus riches moissons, ne font que la couvrir d'herbes qui étouffent la semence en s'élevant à une hauteur prodigieuse. Aussi l'Ukraine polonaise, à cause de la fertilité de ses plaines, et la température de son climat, a été regardée par tous les économistes comme le paradis terrestre.

La Crimée et les contrées voisines, qui paroissent être également fertiles, ont eu pourtant des années de détresse. En 1757 encore, toute la Chersonnèse Taurique fut obligée d'avoir recours à ces provinces de la Pologne, comme à une source inépuisable de grains, ainsi que le disoit Peyssonnel.

Les guerres les plus anciennes entre les Russes et les Turcs, du côté d'Azof et Précop, faute de précautions prises à tems pour se pourvoir de grains en Pologne, n'ont pu être poussées au gré des parties belligérantes. Dans ces derniers tems où le gouvernement Polonais, par le concours du roi de Prusse, défendit à la Russie de former des entrepôts de grains sur son territoire, celle-ci se trouva très-embarrassée pour continuer la guerre contre les Turcs. Aussi le baron de Stakelberg, ambassadeur de la Russie, pour détourner la Pologne de l'alliance des Prussiens, et obtenir la faculté de faire des achats de bleds dans ses provinces, lui offroit les conditions les plus avantageuses à son indépendance. Mais les polonais, comptant plus sur leurs rapports naturels de politique et de commerce avec la Porte et la Prusse, rejettèrent alors toutes les propositions astucieuses de la cour de Pétersbourg. Mais revenons à l'objet de nos réflexions.

Les cultivateurs des contrées dont nous parlons en ont souvent négligé la culture, à cause du bas prix du bled. Ce prix varioit; mais assez communément un leth (1) de froment de Pologne, faisant 20 septiers de

---

(1) Leth ou last.

Paris, ne se vendoit que 53 livres 1 sol 1 denier, ce qui fait, par septier, 2 livres 13 sols de France : le prix de l'orge et de l'avoine n'étoit que de moitié ; celui du seigle, souvent le même que celui de l'orge et de l'avoine. C'est pourquoi on employoit ce dernier à faire de l'eau-de-vie, genre de distillation que les Cosaques, sur Borystène, ont appris des Gênois, habitans alors les ports de la mer Noire. Par la suite, cet article d'exportation est devenu immense. Une grande quantité de ce liquide, distribuée dans l'intérieur de la Pologne, sur-tout dans les pays limitrophes de la Prusse, a ménagé, pour celle-ci, un superflu immense de grains, qui se versoit dans les anciens états Prussiens et y prévenoit le manque de subsistances.

Il est vrai de dire, en général, que les terres y sont susceptibles de toutes sortes de culture ; et il est peu ou point de denrées qu'elles ne puissent produire. Quantité de fruits et de légumes, qui, sous un autre climat, ne sont que le produit de beaucoup de soins et d'industrie, là sont fournis en abondance par la seule libéralité de la nature. Dans quelques parties de ces provinces, les asperges croissent d'elles-mêmes au milieu des terres labourables. On ne se donne que fort peu de peine pour avoir une quantité immense de melons d'eau délicieux, qu'on exporte jusqu'à Pétersbourg et à Varsovie ; mais, ce qui est le plus précieux, il s'y trouve une espèce d'insecte, ressemblant à la cochenille, qu'on appelle, en Polonais, Czerviec : et pour preuve du prix que les polonais y ont attaché, ils ont donné le nom Czerviec au mois de juin, qui est l'époque où l'on recueille ces insectes. Ils servent à la teinture d'écarlate, et sont très-recherchés des étrangers : mais malheureusement la culture en est fort négligée par les habitans du pays.

On n'y prend guères plus de soin des abeilles. C'est encore la nature qui s'en charge. On diroit qu'elle se plaît à couvrir ces riches plaines de plantes et de fleurs, qui y attirent et multiplient, d'une manière étonnante, ces industrieuses ouvrières ; comme autrefois le thim et le serpolet, des célèbres montagnes de la Grèce, en faisoient découler des ruisseaux de miel. Delà vient, pour ces provinces, un produit immense de miel et de cire, qui peut être évalué annuellement à plusieurs millions. Quelques provinces de l'Autriche en ont profité le plus, en échangeant leurs faulx contre de la cire jaune, qu'ils exportoient ensuite jusqu'en Italie.

Dans quelques contrées voisines du Boristène on ramasse aisément, tous les ans, au moins cent mille bariques de salpêtre. Le gouvernement a négligé d'en établir des fabriques et de les encourager. Les paysans et les propriétaires le fabrique chez eux. Communément on le voiture par terre, jusqu'à 200 lieues pour arriver au premier port de la Vistule, d'où on le fait passer à Dantzick.

Pour peu qu'un agricole soit industrieux, la terre lui produit, avec la même libéralité et le même avantage, le houblon, le chanvre, pour l'usage de la marine ; le lin, pour la fabrique de toutes sortes de toiles, qui, à défaut de commerce établi sur la mer Noire, se transportent, par terre, dans les différentes parties de l'Allemagne, et jusqu'à la Vistule, pour delà passer à Dantzick, qui entretient, avec l'Espagne, un commerce considérable, sur-tout de toiles d'emballage.

Quoique la plantation du tabac soit généralement

négligée, la fécondité du terrein supplée encore à l'industrie. Le tabac ne peut y être que le même que celui de l'Ukraine russe, que les fermiers généraux de France ont jugé, en 1741, peu inférieur au tabac de la Virginie. Ils avoient en conséquence conclu un traité avec le comte Pierre Szuvalow, comme propriétaire d'un privilége exclusif pour la vente du tabac. Ce commerce promettoit les plus grands avantages pour la France; mais il n'eut point de succès, parce que, comme le remarque un publiciste, la bonne foi des Russes étoit pour les négocians Français, ce qu'étoit la foi punique pour les Romains. Les marchands Russes étudioient sans cesse les moyens de tromper les Français dans le poids et la qualité des marchandises. Aussi, en 1787, les fermiers de France, dirigèrent leurs spéculations sur les tabacs de l'Ukraine polonaise, et avoient déjà fait un traité à ce sujet avec Tepper, alors banquier de Varsovie; mais la guerre et les révolutions survenues ont fait échouer un projet aussi favorable pour les deux nations.

CONCLUSION.

Nous n'avons pas prétendu, en écrivant ces réflexions, donner un abrégé complet du commerce de la Pologne; encore moins détailler ses facultés commerciales dans toute leur étendue. Nous nous sommes attachés aux articles les plus importans de ses richesses territoriales. Nous avons tâché de présenter, dans un apperçu général, les rapports commerciaux de cette nation avec le reste de l'Europe : nous avons osé dire hautement : ce pays si riche par la fertilité de son sol, si intéressant par l'immensité de ses objets d'exportation, est devenu le partage de l'intérêt exclusif de la Russie. Cette puissance ambitieuse, entourée de six mers, n'attendoit que le moment d'envahir la Pologne, pour s'approprier, ou plutôt asservir à son despotisme le commerce le plus vaste de la terre.

Dans notre analyse générale sur les récoltes et le superflu des subsistances de ces fertiles provinces, nous avons cité des vérités de fait relatives; nous avons suivi les calculs les plus probables des économistes politiques : nous sommes pourtant bien éloignés de prétendre que l'agriculture y soit encore parvenue à l'état florissant où l'ont portée les autres nations. Mais si, malgré l'imperfection où est resté cet art en Pologne, malgré tous les obstacles qui s'opposoient à ses progrès sous l'ancien régime, l'excédent de produit y est néanmoins si immense, qui pourra fixer la somme des richesses que l'amélioration de la culture, le défrichement d'une partie de ces vastes contrées, et surtout l'établissement d'un gouvernement sage et humain pourront encore produire ?

C'est sous ce point de vue que l'Europe n'a jamais su assez connoître ni apprécier l'existence de la Pologne. La postérité aura peine à croire que tant de nations, intéressées à conserver la source de leurs véritables richesses, le nerf de leur puissance, ayent vu, de sang froid, le commerce de la Pologne s'anéantir; que dis-je? devenir entre les mains d'une seule nation, le fruit de son usurpation, le premier mobile de son despotisme.

En vain auroit-on, dans l'univers éclairé, envisagé la question des grains comme la matière la plus intéressante dans l'ordre public, et par ses résultats, la plus inhérente au bonheur de la société; si la politique oiseuse et passive se dispense de venir au secours de la philosophie pour assurer la prospérité des états.

La moindre inquiétude sur les besoins de première nécessité jette plus d'effroi dans l'ame du peuple, que le danger le plus évident d'être privé des choses de pur agrément. C'est une vérité universelle, incontestable. Les opinions partagées sur beaucoup de questions économiques, s'accordent en ce point; elles ne diffèrent que dans les conséquences, et dans les moyens de précaution. C'est de cette sollicitude commune que, sur-tout en France, ont découlé tant de systêmes, tant de théories, tant d'ouvrages, dont les auteurs, à la vérité, n'ont pas toujours été d'accord dans leurs résultats, puisque les uns se sont déclarés en faveur d'une liberté constante d'exportation; les autres, pour la prohibition générale; d'autres, enfin, pour la modification de l'un et l'autre systême.

Peuple français, la Pologne seule ayant, malgré l'imperfection de son agriculture, un excédent de 31,171,477 septiers de bled, pourroit, libre et illimitée dans son commerce, concilier toutes les opinions et garantir la France des écarts de tant de systêmes opposés.

En vain prétendez-vous à une liberté absolue d'exportation de grains; en vain le propriétaire la réclame comme le droit le plus sacré de sa propriété; le négociant, comme celui de la liberté; le peuple, comme celui de l'humanité; attendez-vous à rencontrer toujours mille entraves dans cette branche de votre commerce, tant que vous ne serez pas assurés de la réciprocité d'un systême d'exportation de la part d'une nation aussi agricole, aussi éloignée de l'esprit de conquête et de fiscalité, que la Pologne.

Sans cette assurance, incertains des moyens de

parer, sans danger, aux besoins d'un moment de disette, cette liberté absolue d'exportation pourroit devenir une loi funeste à votre repos et à votre prospérité. Un manque subit, une hausse inattendue de denrées, et avec elle la hausse de la main-d'œuvre paralyseroit vos arts, vos manufactures, votre commerce, votre population.

Si cette considération mérite, de votre part, les plus sérieuses réflexions, même pour un tems de paix, de quelle importance ne devient-elle pas dans des tems de troubles et de guerres? Vous venez d'en faire une cruelle expérience dans le cours de cette mémorable révolution que vous allez terminer avec tant de gloire. Louis XIV, pressé par la famine bien plus encore que par la force et le nombre de ses ennemis, ne dût le salut de son empire qu'à l'arrivage de 100 vaisseaux chargés d'approvisionnemens venant du Nord, et votre célèbre Jean Bart, en les arrachant des mains des Hollandais (1), mérita mieux de son pays que s'il avoit gagné une bataille. Tout le monde connoît la médaille que Louis XIV fit frapper à cette occasion.

S'il arrivoit que la Pologne pût renaître de ses cendres; si, par la puissance et à l'exemple de la république Française, elle parvenoit à se faire respecter au-dehors par son gouvernement, et à faire fleurir son agriculture au-dedans, alors les Français, pour porter leur industrie au plus haut point d'activité, peuvent, sans danger, proclamer, dans toute sa latitude, la liberté d'exportation des grains, sûrs de trouver des approvisionnemens suffisans dans tous les cas, dans tous

(1) 10 juin 1694.

les tems. Eh ! à quelle nation, si ce n'est à la France, la Pologne s'uniroit-elle de préférence ! Combien de puissans motifs lui en feroient un devoir !

Mais ce n'est pas seulement l'exportation des grains et des matières propres à favoriser l'étendue de la navigation, qui constitue les avantages du commerce de la France avec la Pologne ; la République en trouveroit beaucoup d'autres non moins précieux dans l'importation des produits de son sol, de ses arts, de son industrie et de tant d'objets étrangers au climat polonais, dont le besoin obligeroit toujours de favoriser l'entrée.

Toutes les autres puissances maritimes et du continent, qui ont intérêt de donner au commerce la plus grande latitude et la plus entière indépendance, devroient fixer leurs regards sur l'état de la Pologne.

La république Batave qui, de tous tems, a eu des rapports directs avec elle, doit prévoir, dans sa chûte, le déclin de sa puissance et de ses richesses. Si son influence, sur les affaires du Nord, n'est pas aujourd'hui d'un aussi grand poids qu'elle étoit, elle a su intéresser, à son sort, une alliée prépondérante dans l'Europe. La France connoissant les vrais principes de sa grandeur, après avoir prêté son appui au peuple Batave pour reconquérir sa liberté politique, saura lui faciliter aussi les moyens de recouvrer son commerce, le premier mobile de son existence.

Peuple Batave, réfléchissez mûrement sur vos véritables intérêts : jamais vous ne remonterez au rang que vous occupiez entre les puissances de l'Europe, tant que la source de vos richesses, le commerce du Nord restera tarie.

Mais de prétendus politiques osent déjà avancer

que le fertile territoire de la Pologne, en passant sous le gouvernement de trois puissances, n'a fait que changer de domination, et qu'il n'y a par conséquent aucun motif d'inquiétude pour l'Europe, puisque les riches productions de ces provinces ne seront pas perdues pour le commerce extérieur. Combien il est facile de confondre ce langage de l'ignorance ou de la mauvaise foi !

Supposons que les trois puissances co-partageantes ne puissent s'isoler du reste de l'Europe dans leurs relations commerciales ! Est-il possible, dans le cours ordinaire des choses, que leurs intérêts respectifs, toujours en rivalité, ne finissent pas par être en opposition ? que chacune d'elle ne se prête pas à des distinctions, à des faveurs particulières ; qu'un pavillon anglais, par exemple, n'ait pas de préférence ?

D'ailleurs, n'est-il pas plus facile de faire une alliance de commerce avec une république pacifique par principes, et au-dessus de tout esprit monopole, qu'avec trois puissances toujours actives et guidées par une politique impénétrable ?

La liberté, la concurrence, telle est l'ame du commerce. Celui de la Pologne fut toujours dirigé par ce principe. Ne pouvant exporter elle-même les productions de son sol, elle facilitoit à toutes les nations la concurrence la plus indéfinie. Point de droits exclusifs ni pour les étrangers ni pour les nationaux : le plus libre accès à tous les objets d'importation. Supposez maintenant, si vous le voulez, que ces trois rivales, après avoir englouti ces provinces agricoles, aient toutes raisons de favoriser l'exportation ; l'expérience n'a-t-elle pas prouvé que, jalouses les unes des autres, cherchant chacune à faire un commerce exclusif, et à empêcher que la balance ne soit trop favorable aux autres nations, elles ont établi par-tout des douanes odieuses, mis des taxes exhorbitantes sur les marchandises étrangères, ou fermé absolument leurs ports à toute importation ? Leur esprit de fiscalité et de monopole a bien confirmé cette réflexion sage et profonde de Condillac : voilà donc, dit-il quelque part, les peuples qui vont travailler à s'appauvrir les uns les autres; car en voulant s'enlever mutuellement le commerce, chacun d'eux en commercera moins.

Mais il suffit de jeter un coup-d'œil sur les possessions envahies par la Russie, de se rappeller les preuves et les faits que nous avons rapportés, pour se convaincre que c'est cette puissance colossale qui ayant fait le partage du lion, dispose seule, à son gré, de l'excédent des productions de la Pologne, par la facilité qu'elle a de détourner, suivant son caprice ou son intérêt, le cours du commerce, et de changer les embouchures de différens fleuves.

Qu'on apprécie maintenant la solidité du raisonnement de ces politiques ignorans ou mercénaires, et que l'on juge si l'Europe doit permettre que la Russie se rende l'arbitre de ses intérêts commerciaux.

On n'a qu'à consulter les hommes les plus consommés dans le négoce, et qui ont fait le plus d'affaires avec les Russes, ils attesteront combien d'entraves de tout genre embarrassent et désolent le commerce dans ce pays. Les vexations des douanes, l'esprit de tarif, la fourberie connue des négocians russes, la foiblesse et la lenteur avec laquelle la justice est rendue aux étrangers; enfin les priviléges exclusifs, tels sont les obstacles qu'on y rencontre à chaque pas.

Au reste, nous ne pouvons mieux finir ces réflexions, qu'en les appuyant du témoignage des deux plus célèbres écrivains sur cette matière. » L'esprit » de monopole, dit Favier, dirigé autrefois en » Russie au profit des particuliers, est tourné au- » jourd'hui au bénéfice de la couronne, et l'on ne » tire plus guères de bled de Livonie que par des » concessions particulières, soit pour un gouverne- » ment étranger, et c'est le cas avec la Suède, soit » pour des négocians anglais ou autres, qui en paient » la permission aux finances de l'impératrice -----». » Les privilèges de la couronne, dit l'auteur de » l'Essai sur le commerce de Russie, sont au nombre » de six . . . . La vente des mâts est un privilége » de la couronne, et l'exportation en est tantôt dé- » fendue et tantôt génée, par des restrictions très- » dures, et très-dangereuses à enfreindre ».

Qui n'a que la force pour droit, ne peut dominer que par la terreur. La Russie ne doit qu'à ses armes ses nombreuses provinces ; aussi est-elle en quelque façon constituée en un état de guerre permanent. Forcée de tenir sur pied des armées considérables ; elle ne peut que dépeupler ses campagnes, et tout sacrifier à son esprit militaire. Il en résultera que les sources des richesses de la Pologne vont être taries pour le commerce.

L'histoire atteste que les pays les plus florissans sont bientôt changés en déserts, dès qu'ils ont passé sous un gouvernement arbitraire, qui ne respire que la guerre et les invasions. Aussi l'émigration se fait-elle déjà sentir en Pologne.

Ici nos réflexions s'arrêtent. Nous n'avons voulu qu'esquisser les points les plus capitaux d'un sujet aussi intéressant. La vérité se développe d'elle-même, et les conséquences découlent les unes des autres.

Reste à savoir si les puissances de l'Europe se déclareront du parti de leurs véritables intérêts. Il en est une qui les connoît, qui les balance , et qui , par sa force militaire autant que par son influence politique, est en état de les consolider. La France, signalant son zèle pour la cause commuue de l'Europe , va tendre une main secourable aux états opprimés , et contenir l'ambition orgueilleuse qui vise à une monarchie universelle ; les intérêts de la République française, ainsi que de ses alliés, et la garantie de la paix d'Oliva , réclament la restauration de la Pologne, avec la liberté indéfinie de son commerce. Les bonnes intentions, les moyens puissans, tout annonce qu'il n'est rien de grand, rien d'avantageux au bonheur des nations , qu'on ne puisse attendre de la magnanimité du peuple français.

De l'Imprimerie de Pougin, rue des Pères, n°. 9.

Et se vend à Paris, chez P. Besson, *Libraire, rue Honoré, n°* 116, *au second étage, maison du café* Richard, *entre la rue de l'Echelle et celle de la Convention.*

www.ingramcontent.com/pod-product-compliance
Ingram Content Group UK Ltd.
Pitfield, Milton Keynes, MK11 3LW, UK
UKHW021952260726
13994UKWH00004B/1695